AF360942

LEÇONS

PRATIQUES

D'ENCAUSTIQUE LUSTRÉE.

LEÇONS

PRATIQUES

D'ENCAUSTIQUE

LUSTRÉE,

ou

Exposé des notions nécessaires pour pratiquer ce procédé
de Peinture ;

PAR ALEX. CLAUSEL, PEINTRE.

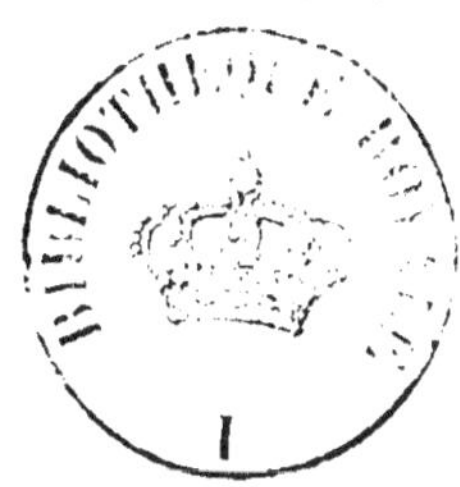

A TROYES,

CHEZ L'AUTEUR, RUE DE LA TRINITÉ ;

A PARIS,

CHEZ BINANT, MARCHAND DE COULEURS,

Rue de Cléry, 7.

1842.

PRÉFACE.

———

Lorsqu'en 1829 parut dans le monde artistique le savant Traité de la Peinture, par M. P. de Montabert, je m'empressai d'acquérir cet ouvrage, et de le lire avec attention, je ne tardai pas à reconnaître que j'avais enfin sous les yeux toute une encyclopédie artistique, scientifique et méthodique, telle que je l'avais tant désirée. Parmi un grand nombre de documents précieux du plus haut intérêt, et que le seul amour de l'art et du progrès avait pu y réunir, je trouvai dans cet ouvrage d'excellents moyens de perfectionnement en dessin et en peinture; mes espérances et mon courage se ranimèrent à la lecture que j'en fis. J'avais constamment pratiqué la peinture et restauré un fort grand nombre de tableaux, j'avais par conséquent pu me convaincre des nombreux inconvénients du procédé à l'huile; de là ce désir devenu chaque jour plus ardent d'en découvrir un nouveau pour l'art auquel j'avais consacré ma vie.

Après avoir mûrement médité le Traité complet de la Peinture, je fus vivement frappé de la question encaustique, embrassant à la fois la partie technique et la partie artistique, et les traitant toutes les deux de telle sorte, qu'au moyen du procédé indiqué on pût faire arriver l'art à son plus haut degré de perfection.

Ce fut pour mon esprit comme un trait de lumière au milieu des ténèbres : cette découverte me fit sentir tout d'abord le besoin de l'approfondir, et peu après concevoir l'espérance de m'approprier un procédé exempt des inconvénients sans nombre résultant de l'emploi de l'huile dans la peinture.

Je m'adonnai donc sérieusement à l'étude du procédé encaustique; je multipliai mes essais et mes expériences sur le matériel de cette peinture, afin de m'assurer de la solidité et de la fixité des matières à employer.

Je m'occupai d'abord des glutens : chacun comprendra combien je dus attacher d'intérêt à la solution de cette question fondamentale et véritablement décisive. En obtenir de faiblement colorés n'était pas une chose tout-à-fait impossible, mais hérissée des plus grandes difficultés : je dus réitérer fréquemment mes essais pour vaincre tous les obstacles et pour obtenir la conservation de toutes les qualités de certaines résines précieuses pour nous, à cause de leur transparence ; je crois avoir réussi, puisqu'enfin les glutens obtenus après de si nombreux efforts et que j'offre aujourd'hui aux artistes sont presque incolores.

Satisfait de cette importante amélioration, je passai à la préparation des subjectiles propres à recevoir la peinture ou les couleurs à l'encaustique du tableau, tels que les cartons, les plaques et les toiles dont la préparation présente de grandes difficultés. Ce fut là surtout que je reconnus de nouveau combien les connaissances chimiques sont nécessaires à l'artiste pour l'aider à surmonter les difficultés que comporte le matériel de l'art. Il s'agissait donc de trouver une combinaison qui mît l'artiste à même de rendre sa pensée sur le subjectile sans aucune entrave : cette combinaison je crois encore l'avoir trouvée.

Mes recherches se portèrent ensuite sur la préparation des apprêts convenables à l'exécution sur mur de la peinture encaustique monumentale, mate ou lustrée.

La question de l'emploi du calorique indispensable dans notre procédé, fixa également mon attention : je crus devoir simplifier le mode de cet emploi, en substituant à la braise du cauterium des anciens et de celui des modernes, la flamme de l'esprit de vin, combustion plus commode en ce qu'elle chauffe instantanément, exige moins de préparatifs et ne présente aucun inconvénient.

Toutes mes préparations étant terminées, dans

l'espoir d'obtenir les heureux et nouveaux résultats que donne la peinture encaustique ainsi que ceux que je pouvais attendre de mes recherches et de mes combinaisons particulières, j'exécutai, selon ce procédé, je puis dire aujourd'hui selon mon procédé, plusieurs tableaux de grande et de petite dimension, tels que portraits, tableaux de genre, paysages et même des miniatures. Je crus devoir soumettre quelques-uns de ces tableaux, au nombre desquels était le portrait en pied, de petite dimension, de l'auteur du Traité complet de la Peinture, dictant quelques-unes de ses pensées artistiques; je crus, dis-je, devoir soumettre ces tableaux à des juges compétents, à des artistes de la capitale; je les présentai, ainsi que mon matériel d'exécution, à la Société libre des Beaux-Arts. Cette société illustre les accueillit avec intérêt et nomma une commission chargée d'examiner, non-seulement l'application du procédé encaustique faite dans mes tableaux, mais aussi le matériel que j'avais préparé moi-même et avec lequel je les avais exécutés, de recueillir mes observations sur les moyens dont j'avais fait usage , et sur la nature de mes diverses préparations , et de lui faire un rapport.

Après avoir consacré plusieurs séances à l'étude de mon procédé ; après l'avoir consciencieusement examiné dans toutes ses parties, cette commission a fait son rapport à la Société libre des Beaux-Arts, dans la séance publique du 4 janvier 1842. Ce rapport, qui traitait les questions artistiques avec une haute portée d'intelligence, a excité au plus haut degré l'intérêt de l'assemblée ; ses conclusions tendantes à ce qu'il me fût accordé une médaille, ont été adoptées à l'unanimité.

Enhardi par ce premier succès, j'ai présenté ces mêmes ouvrages à M. Ingres. Le suffrage de ce grand peintre était à mes yeux d'un prix trop élevé

xij

pour que je n'ambitionnasse pas l'honneur de l'obtenir.

M. Ingres, après avoir examiné avec attention mes tableaux et le matériel, a tout approuvé. Ce savant artiste m'a dit avec énergie : « Depuis long-temps je » répète que l'huile est le poison de la peinture ; le » procédé encaustique est destiné à faire une révo- » lution dans notre art; dès ce moment, il faut don- » ner à ce procédé tel que me le présentent vos ta- » bleaux, toute la publicité possible. Je parlerai avec » instance en sa faveur. »

La pensée de publier le résultat de mes recherches m'a été suggérée par l'honorable suffrage de la Société libre des Beaux-Arts et par celui de M. Ingres. Enfin l'invitation, je dirai presque la sollicitation qui m'a été faite par beaucoup d'artistes, de donner un aperçu des documents nécessaires à la pratique de la peinture encaustique, m'a déterminé à entreprendre ce travail, pour leur faciliter les moyens d'exécution d'un procédé si important, et leur épargner des recherches auxquelles la plupart d'entre eux ont rarement le temps de se livrer.

Si quelques questions générales sont abordées dans ce petit traité avec le ton dogmatique et l'autorité d'un observateur expérimenté, je ne dois revendiquer ici que le seul mérite de les avoir recueillies avec un soin religieux, de les avoir coordonnées et présentées dans un ordre méthodique. C'est dans le Traité complet de la Peinture que j'ai puisé les considérations générales sur la supériorité de la peinture encaustique, comparée particulièrement à la peinture à l'huile; celles qui sont relatives aux altérations et ravages causés par l'huile servant à liquéfier les couleurs, celles enfin qui font si bien ressortir les inconvénients des vernis dans la peinture, considérations xiv

que j'ai dû regarder comme le résultat de la longue
expérience et des savantes recherches de l'auteur.

Heureux si mes longs et pénibles travaux me permettent d'atteindre le but que je me suis proposé !
ce but est de concourir au développement rapide de
la peinture encaustique. Et déjà combien ne voit-on
pas d'hommes de mérite se préoccuper de cette découverte précieuse, et la considérer comme un véritable progrès? C'en est un, en effet, digne de fixer
l'attention de tous ceux qui font des beaux-arts l'objet
de leurs études ou de leurs délassements.

LEÇONS

PRATIQUES

D'ENCAUSTIQUE LUSTRÉE.

PREMIÈRE PARTIE.

*Considérations sur la Peinture encaustique et sa supé-
riorité comparée surtout à la Peinture à l'huile.*

Bien que plusieurs écrits aient fait connaître ce
qu'on doit espérer de l'espèce de peinture connue

1

chez les anciens et chez les modernes, sous le nom de peinture encaustique, nous croyons qu'il ne sera pas hors de propos de soumettre aux artistes, en particulier, les considérations soit techniques, soit artistiques qui peuvent le plus les intéresser, sur le procédé qu'on emploie dans la peinture encaustique. Ces considérations renferment d'utiles documents, puisqu'elles se rattachent aux leçons pratiques dans lesquelles il nous a paru inutile de les répéter, afin de rendre ces leçons plus précises et plus explicites.

§ I.

EXPLICATION DU MOT ENCAUSTIQUE.

—

Le mot encaustique est dérivé du verbe grec *enkaiô* qui signifie *je brûle;* les anciens l'employaient pour désigner des couleurs fixées à l'aide du feu.

Le réchaud avec lequel les anciens parfondaient, pour les fixer, les matières de la peinture, se nommait *cauterium*.

Ces réchauds, qui étaient probablement de différentes espèces et dimensions, sont énoncés dans les auteurs parmi les instruments qui composent l'attirail d'un peintre.

Les modernes ont confondu plus d'une fois la peinture sur émail avec la peinture encaustique. On donne aussi le nom d'encaustique à une préparation faite avec de la cire, de l'alcali et du sel de tartre bouillis dans l'eau, liqueur qu'on étend sur les parquets et sur certains meubles de bois, et qui, lorsqu'elle est desséchée, laisse une couche de cire que l'on frotte ou qu'on lustre ensuite avec des brosses. Mais ce n'est que par extension, puisque l'action du feu n'entre pour rien dans l'opération relative à l'emploi de cette préparation.

Le mot encaustique n'emporte donc point l'idée de matières colorantes, soit de cires, soit de résines ou de bitumes, mais seulement l'idée de l'ustion de toutes ces matières par le feu appliqué à l'aide du *cauterium*.

Les peintres qui pratiquaient cette espèce de peinture, étaient appelés par la même raison *encaustes,* mot que nous pouvons traduire par *encausticiens*.

L'idée de brûlement ne doit donc point être attachée au terme encaustique, mais bien l'idée de chaude ou degré de chaleur qui opère un amollissement et même une espèce de fusion des matières apposées sur le tableau; amollissement qui fixe et émaille pour ainsi dire la peinture.

5

§ II.

DE L'ENCAUSTIQUE CHEZ LES GRECS.

Les Grecs avaient réuni en un seul procédé les
diverses qualités optiques que l'art exige ; ce procédé
était l'encaustique qui régna chez eux en souveraine
pendant vingt siècles , jusqu'à l'irruption des peu-
plades du Nord sur les vastes provinces de l'empire
des Romains, provinces auxquelles elles apportèrent
leur ignorance et leur barbarie.

Ce fut le procédé encaustique qui favorisa si bien
l'éloquente et sublime poésie des Appelles, des Zeuxis,
des Timante et des Euphranor, qui se gardèrent bien
de confier leurs chefs-d'œuvre à la peinture à l'huile,
très-connue dans l'antiquité, mais délaissée à cause
de son imperfection : c'est donc à tort que certains

auteurs attribuent au quinzième siècle de notre ère l'invention du procédé qui consiste à mêler dans l'huile les couleurs.

Ce fut ce même procédé qui, pendant neuf cents ans, préserva des injures du temps, sous le Pécile d'Athènes, le tableau du fameux combat de Marathon, peint par Polignote, que nous pourrions peut-être admirer encore, sans l'avidité d'un proconsul romain qui le fit transporter à Constantinople, où il périt avec tant d'autres chefs-d'œuvre dont cette ville était remplie.

C'est encore l'encaustique qui a heureusement fait parvenir jusqu'à nous, et a soustrait à leur ruine, les magnifiques décors des villes de Pompeïa et d'Herculanum, enfouis depuis dix-huit siècles dans les entrailles de la terre.

Les Romains, élèves des Grecs, suivirent les mêmes procédés de peinture que leurs maîtres; ils firent usage de la cire comme conservatrice et imitatrice des couleurs. Ainsi, jusqu'aux temps obscurs du moyen âge, les peintres procédaient selon les pratiques de la Grèce antique; enfin ces mêmes pratiques furent peu-à-peu négligées, altérées et presque délaissées; en sorte que cet état de choses fut favorable à l'usage de l'huile dans la peinture, et la fit adopter dans toute l'Europe.

—

§ III.

EXPOSÉ DES PRINCIPAUX CARACTÈRES QUI CONSTITUENT LA SUPÉRIORITÉ DE LA PEINTURE ENCAUSTIQUE COMPARÉE SURTOUT A LA PEINTURE A L'HUILE.

Les avantages de la peinture encaustique sont nombreux et signalés :

1° L'exécution de cette peinture ne diffère en rien, quant à l'application des couleurs ou au pinceau, de l'emploi de la peinture à l'huile; ce procédé n'est donc différent que par l'obligation où est le peintre de chauffer de temps en temps la peinture et de la bien lustrer lorsqu'elle est terminée.

2° Avec les couleurs telles qu'on doit les préparer dans notre procédé, l'artiste a le temps de fondre, de passer, de conduire ses teintes, et on peut affirmer que l'emploi de cette peinture est infiniment plus simple, plus commode, moins compliqué même, et enfin moins minutieux que celui de la peinture à l'huile; toutes les couleurs à l'encaustique sèchent également, et on est dispensé de renouveler le vernis, puisqu'il ne change point: jamais d'embus contrariants, jamais de dessous poussés : on peut peindre en clair sur des bruns; on peut revenir à plusieurs reprises, sans craindre de voir salir ses teintes ; chaque nuance, chaque ton reste tel qu'on l'a placé; enfin, il n'est aucun des avantages de la peinture à l'huile que n'offre aussi ce nouveau procédé, dans lequel on se donne presqu'autant de temps que l'on veut pour la dessication des couches, dessication, qui peut avoir lieu soit en une demi-heure, soit même en cinq minutes, soit après une journée et plus, si on le juge commode. De plus, on peut rendre la couleur aussi visqueuse qu'il est convenable ; en sorte que, s'il est nécessaire, elle tire comme l'huile qui est près de sécher. Si, au contraire, on veut que la couleur soit très-fluide sous le pinceau, on obtient de même cette condition. Soit donc qu'on ait à rendre le feuillé léger des arbres, soit qu'on ait à toucher légèrement des gazes, à imiter le soyeux des cheveux ou des tournants obscurs, toutes ces conditions s'obtiennent plus aisément par le procédé encaustique que par tout autre. J'en conclus donc que l'avantage qu'offre l'encaustique de pouvoir placer de suite des tons naturels, justes et bien mesurés, vigoureux et brillants, analogues dès le premier travail à ceux de la nature, est inappréciable ; par ce procédé, on jouit tout de suite de l'opposition des fonds et des bruns ; on connaît l'étendue de la gamme optique de la palette, puisque l'on peut juger en même temps de ses tons les plus éclatants et de ses tons les plus bruns ; enfin le mode est fixé tout d'abord, et l'effet général déterminé ; or on comprend que c'est alors seulement que le peintre peut rester et travailler dans son sujet.

3° Mais signalons encore un autre avantage qui sera certainement compris des peintres, c'est celui de pouvoir exécuter un changement, une retouche, de réaliser un repentir la veille même du jour où l'ouvrage doit être vu, soit dans une exposition publique, soit par la personne à qui le tableau est destiné.

4° Un des avantages qu'il convient de signaler comme une des richesses de ce nouveau procédé, c'est que l'artiste peut rendre certaines parties du tableau ou mates ou diaphanes à volonté (conditions précieuses que ne comporte pas la peinture à l'huile), de manière qu'on peut exprimer, et ce qui est aérien et fuyant, et ce qui est vu de près ou sans beaucoup d'air interposé, et aussi les objets naturellement mats et naturellement transparents.

5° L'encaustique peut être employée pour toutes sortes de peintures : ce procédé est excellent pour remplacer la fresque ; on s'en sert avec avantage pour le décor des plafonds, des voûtes et des murs soit internes, soit externes exposés à l'humidité ; pour les peintures de petite dimension, telles que les tableaux de genre, les paysages, etc., même pour des ouvrages plus délicats, tels que les miniatures.

6° Par le procédé encaustique l'artiste peut, après un grand laps de temps, retoucher un tableau, le corriger, y ajouter du fini, le glacer ou remonter les clairs, ou même le changer entièrement ; en sorte que, selon nous, un des plus précieux avantages du procédé qui nous occupe, c'est la perfectibilité indéfinie que ne saurait avoir la peinture à l'huile.

7° Quant à la transparence des tons obtenus par cette peinture, on doit être convaincu que la cire appliquée par plusieurs couches minces sur les tableaux, puis lustrée et rendue ainsi transparente par le frottement et aussi par l'effet du feu, produit non seulement une diaphanéité suffisante qui donne de la force aux couleurs intérieures, mais elle a en même temps l'avantage de ne point offrir à la surface du tableau ce luisant éblouissant et cet éclat vif, aigu et importun que les vernis résineux, appliqués par plusieurs couches, font rejaillir si désagréablement sur l'œil du spectateur ; le luisant de la cire est modéré, doux, un peu incertain et ne blesse jamais la rétine.

8° Une des qualités importantes exigées dans les peintures, c'est la solidité matérielle des substances appliquées sur le *subjectile*, et cette solidité est surtout relative au gluten qui fixe et qui tient suspendues les molécules colorées. On peut avancer que malgré la grande solidité de la peinture à l'huile, et malgré sa propriété naturelle d'être très-tenace, très-dure et très-adhérente aux corps sur lesquels on l'applique ; on peut avancer, disons-nous, que l'encaustique lui est encore supérieure en ceci, parce que son adhérence est rendue très-intime par l'action du feu, et que, n'étant point sujette à l'espèce de dessication extrême qui, en rendant l'huile concrète, la rend en même temps aride et souvent gercée, l'encaustique ne s'isole point avec le temps de son fonds comme le fait cette dernière. Ajoutons qu'il est facile, lorsque cela est nécessaire, de la nourrir et de la couvrir de nouveau de cire, afin d'en perpétuer la durée.

9° Le procédé encaustique, loin de porter aucune entrave au talent par les soins qu'il exige, l'excite au contraire, le stimule et l'élève ; il lui est très-profitable, parce que, tout d'abord, il exprime par ses moyens imitatifs les pensées de l'artiste; d'ailleurs, la pratique de ce procédé n'est pas telle que la touche en soit plus pénible que celle de la peinture à l'huile, elle est même plus facile et plus commode et ne le cède en rien à la netteté de ce dernier procédé. Il ne se forme point dans les tableaux à la cire de taches obscures, de teintes discordantes; l'accord du coloris est fixe et permanent, et il ne peut rien survenir intérieurement qui flétrisse l'éclat ou la force des couleurs, ou qui dérange les rapports optiques d'intensité et d'énergie. Le tableau est donc bien couvert de cire lustrée, le temps a durci cette cire, aucun inconvénient n'est à redouter. Si la cire extérieure vient à se ternir et à se salir, on la lave, on la lustre de nouveau. Les bruns qui sous la cire ne doivent rien perdre de leur force, peuvent être rétablis par le moindre frottement, si le temps ou l'atmosphère les a par hasard affaiblis; or, on sait que le moindre frottement ternit et abîme tous les vernis des tableaux à l'huile.

10°. Les glacis s'exécutent de même et beaucoup mieux à l'encaustique qu'à l'huile, et produisent beaucoup plus d'effet, parce que les lamelles de gluten laissent mieux traverser les rayons du jour que ne le font les pellicules nébuleuses de l'huile, lorsqu'elle est sèche; et les glacis multipliés sont sans inconvénients, parce que les couches successives de gluten ne poussent jamais au noir, en quelque quantité qu'on les superpose.

11°. Le procédé encaustique a encore l'avantage de rendre inaltérables un certain nombre de couleurs rejetées par la peinture à l'huile, substance qui altère ces mêmes couleurs, telles que le vert-de-gris, le carmin de cochenille, le vermillon, la terre d'ombre, le minium, l'orpin, les cendres bleues et vertes, le jaune de chrôme, et enfin tant d'autres oxides que l'huile dénature à différents degrés, et que la cire laisse inaltérables.

12°. Terminons en disant que ce procédé, si important pour l'art, est susceptible d'être appliqué sur toutes sortes de *subjectiles*, et que toutes les matières employées selon ce procédé sont susceptibles elles-mêmes, puisque le feu en détermine l'homogénéité, d'être fixées sur ces *subjectiles* d'une manière plus solide et plus durable que par le procédé à l'huile.

DE LA

PEINTURE ENCAUSTIQUE

MONUMENTALE.

—

13°. La peinture encaustique monumentale réunissant à son caractère de solidité et de fixité, l'avantage d'être d'une facile exécution et aussi celui d'être rendue mate à volonté, a été appelée à remplacer la peinture à l'huile et à fresque. On sait qu'au palais de Fontainebleau ainsi que dans plusieurs grands édifices publics de Paris, on voit de très-belles peintures exécutées à l'encaustique mate.

Deux procédés de peinture encaustique monumentale sont à la disposition des artistes ; l'un est le procédé mat, l'autre le procédé lustré. Le procédé mat, nous l'avons dit, peut remplacer la fresque ; l'encaustique lustrée doit remplacer le procédé à l'huile.

Chacun comprendra facilement l'avantage que l'on pourrait retirer de la réunion de ces deux procédés, à cause de l'opposition de l'un à l'autre, opposition qui ne serait pas sans effet pittoresque dans l'ensemble d'un décor.

Le procédé de peinture mate est donc, à cause de ce même caractère mat, dépourvu de la transparence sans laquelle une peinture ne saurait être complète. Aussi, malgré les défiances qu'elle a suscitées aux architectes, à cause de son mirage, proposons-nous l'encaustique lustrée pour remplacer la peinture à l'huile dans le décor des monuments en général, comme étant le procédé complet pour peindre sur mur les sujets d'histoire, etc.

Le lustrage final, dans la peinture encaustique, peut donc devenir presque nul avec le temps, s'il n'est pas entretenu et avivé par le frottement, et surtout si la peinture a lieu dans les vastes édifices où l'humidité de l'air dépose toujours, sur les corps les plus polis, un certain voile qui abaisse leur éclat. Au reste, il est convenable de dire, au sujet de cette méfiance d'un mirage importun, qu'il se trouve dans tous les édifices des emplacements où l'angle d'incidence du jour ne saurait produire ce mirage; il est donc des emplacements où la décoration supérieure serait obtenue mate, et où l'inférieure serait maintenue lustrée.

La peinture encaustique mate s'exécute, à peu de chose près, comme l'encaustique lustrée : ce sont les mêmes glutens, seulement plus chargés de cire, ainsi que les couleurs, afin de produire le mat.

Dans le cours du travail, l'artiste qui exécute une peinture mate, n'est pas dans la nécessité d'y apposer le lait de cire, ni par conséquent de la lustrer; il s'attache, au contraire, à éviter toute espèce de luisant qui romprait l'unité du caractère de cette peinture. Plusieurs moyens sont d'ailleurs à sa disposition pour amatir après coup les places qui offriraient un luisant.

§ IV.

DES ALTÉRATIONS ET DES RAVAGES RÉSULTANT DE L'IN-
FLUENCE DES HUILES QUI SERVENT A LIQUÉFIER LES
COULEURS, AINSI QUE DE L'INFLUENCE DES VERNIS
APPOSÉS SUR LES PEINTURES A L'HUILE.

14° Le procédé de peinture à l'huile a pour prin-
cipal inconvénient que l'huile qui sert à liquéfier les couleurs s'assourdit et s'obscurcit avec le
temps, en sorte qu'en séchant elle ternit, flétrit et
noircit même les matières colorantes qui lui sont
confiées. En effet les bruns apposés par glacis de-

viennent quelquefois absolument noirs, à cause de la carbonisation de l'huile qui a été appliquée en trop grande abondance dans les couches empâtées sur les parties brunes du tableau.

15° Dans la peinture à l'huile le désaccord du clair-obscur est désespérant ; les demi-tons, apposés plus fluides, deviennent de plus en plus obscurs, et les teintes, d'abord lumineuses, s'assourdissent à la fin.

16° La substance de cette peinture n'étant que d'une espèce, on ne peut parvenir par ce moyen, comme avec le procédé encaustique, à rendre certaines parties du tableau, ou mates ou diaphanes à volonté, ni exprimer ce qui est aérien et fuyant, ce qui est proche et sans air interposé, ni des corps naturellement mats et naturellement diaphanes.

17° Un autre inconvénient de ce procédé, c'est que les couleurs manquent d'une transparence suffisante pour l'imitation, parce que l'huile parvenue à son état solide et concret, ne donne pas le gluten suffisamment translucide, qui est capable de faire valoir les couleurs et d'exprimer les *effets* aériens par l'effet de l'absorption des rayons du jour à travers ce gluten.

18° Les procédés nécessaires pour le renouvellement des vernis apposés sur les tableaux, finissent
par en user et en détruire les couleurs.

19° La peinture à l'huile est sujette à une
espèce de dessication, qui finit par rendre la peinture aride et gercée. Le soleil détruit et brise le mu-
cilage de l'huile, en sorte qu'on voit des peintures à
l'huile exposées à l'air, devenir à l'état poudreux ;
les gelées dessèchent et brisent aussi les huiles et les
vernis. La cire encaustique au contraire résiste à
toutes ces forces destructives ; sur les vaisseaux des
anciens, dont elle faisait un des principaux ornements,
elle ne redoutait ni les vents, ni les pluies, ni le soleil, ni les émanations salines de la mer, ni l'influence
de ses eaux.

20° Les difficultés pratiques et les embarras déso-
lants causés par la peinture à l'huile, sont avoués
de tous les artistes ; j'oserai donc affirmer que ce
procédé si vanté, parce qu'il laisse aux peintres
le temps de parfondre leurs couleurs, est cependant
pour la plupart d'entre eux un véritable supplice.
Y a-t-il rien de plus contrariant que les embus ou
l'effet terne, mais passager, qui a lieu sur certaines
places du tableau ? Y a-t-il rien de plus affligeant que
cette nécessité d'attendre plusieurs semaines, plu-

sieurs mois la dessication de l'ébauche? Y a-t-il rien de plus triste que de la voir baissée d'éclat après ce temps? que de voir le deuxième travail baissé d'éclat à son tour, et de ne pouvoir, sans risque de peindre lourd, reprendre en clair sur les bruns? d'être obligé enfin d'empâter les couches de couleur, empâtement qui augmente la quantité d'huile, et par conséquent l'obscurcissement résultant de ces couches superposées? Il est certain enfin que l'huile dessicative s'obscurcit avec le temps, étant même posée seule et sans couleurs matérielles sur une superficie quelconque.

21° Aucun moyen ne peut remédier aux ravages intérieurs que subit la peinture à l'huile; en effet, les huiles poussant au noir et produisant naturellement dans les ombres ces taches obscures, on n'a découvert aucun moyen pour les faire disparaître.

Les huiles produisent aussi des teintes jaunâtres par leur adhérence au vernis qu'on applique; et ces teintes, si contraires au coloris, ne se produisent pas dans l'encaustique.

22° Les peintures à l'huile, une fois écaillées et puis disparues par parties, tous les repeints de ces manquements deviennent des discordances, par suite de l'altération indéfinie de ces mêmes repeints.

Comme les vernis des tableaux à l'huile doivent être renouvelés aussitôt qu'ils ont perdu leur brillant, ce renouvellement en général est fort dangereux, à cause du frottement qu'il faut employer, afin de pulvériser ce vernis, et à cause des réactifs nécessaires pour détacher, pour user et détruire l'espèce de croûte ou de voile jaunâtre et obscur qui est si adhérent aux peintures. (Cette croûte n'est souvent qu'un composé de blanc d'œuf, de vernis gras avec addition d'huile cuite, de frottis enfin fait avec de la graisse.)

23° Les glacis réitérés à l'huile éprouvent de si grands ravages, que plusieurs peintres se sont décidés à les proscrire, bien qu'on ne puisse sans ce procédé obtenir des tons magiques mixtes et translucides, ni doubler l'intensité des teintes, ni accorder enfin et terminer un tableau sans le secours de ces glacis.

24° Quelque précaution que l'on prenne pour enlever le vernis, celui qui est enfoncé dans les petites cavités, échappe à cet enlèvement. Comme le vernis restant dans les cavités, est le même que celui qui se trouvait à la surface, parce qu'il fait corps avec l'huile de la peinture, ce qui a lieu lorsqu'on vernit les tableaux avant qu'ils ne soient bien secs, c'est-à-dire avant un an, (Après vingt ans, l'huile n'est pas encore réduite à l'état concret ou cristallisé.) il faut, pour enlever le vernis restant, avoir recours à un moyen particulier, à l'alcool mêlé à l'essence de térébenthine : or, ce spiritueux dissout non-seulement les vernis, il dissout aussi l'huile qui contient la couleur. Ainsi, on conçoit qu'un tableau de cabinet, qui pendant l'espace de trente ans a pu être nettoyé, déverni et reverni quatre à cinq fois, a dû perdre, et par le frottement et par l'action de l'esprit-de-vin, une partie de ses finesses et même de ses teintes. Je passe sous silence le nettoiement de la peinture elle-même : on sait qu'il faut dans ce cas des alcalis, des mordants, et que sur dix tableaux de maîtres il n'y en a pas un qui soit pur et sans repeints, c'est-à-dire tel qu'il était en sortant des mains de l'auteur.

25° Tout tableau, pour être imitatif, doit nécessairement offrir une superficie ayant un certain lustre ; mais celui dont on couvre ordinairement les tableaux à l'huile a un inconvénient qui lui est particulier : le luisant, au lieu de n'être qu'un lustre modéré, blesse par la vivacité de son éclat la vue du spectateur, et l'oblige à se placer sous des angles où il ne rencontre pas les reflets de ce vernis.

26° La peinture à l'huile enfin, au lieu d'offrir des tons très-lumineux et capables de lutter avec certains éclats de la nature, n'offre au contraire que des blancs sourds qui perdent peu à peu leur éclat par la carbonisation de l'huile qui les a détrempés.

Il n'y a point d'exagération dans ce que nous venons de dire sur les inconvénients produits dans les peintures par les huiles et les vernis : nous n'avons eu que trop d'occasions de les observer dans notre pratique et dans nos visites aux musées, aux galeries publiques et particulières, aux églises du nord et du midi de la France, et tout récemment aux musées du Louvre et du Luxembourg, et dans plusieurs églises de la capitale. Dans tous ces établissements il y a malheureusement un trop grand nombre de tableaux anciens et modernes, où l'on remarque des tons voilés et obscurs, des taches noires, des teintes jaunâtres évidemment causées par la carbonisation des huiles. Plusieurs de ces peintures, portant de grands noms, n'en sont pas moins dignes de notre admiration et de notre respect, malgré les altérations qu'elles ont subies, provenant du vice du procédé, défauts indépendants par conséquent du génie de leurs auteurs. Mais qu'il nous soit permis de dire ici que si ces chefs-d'œuvre, ainsi altérés et enlaidis, eussent conservé toute leur fraîcheur, toute leur beauté primitive, ils n'en seraient que plus admirables et n'en auraient qu'un bien plus grand prix à nos yeux. Ah! si ces grands artistes revenaient à la vie, quelle ne serait pas leur douleur, quel ne serait pas leur désespoir en voyant leurs chefs-d'œuvre jaunis, obscurcis, tout ténébreux et menacés d'une ruine complète! Et quelle serait leur indignation s'ils entendaient faire un pompeux éloge de ces teintes étrangères à la nature, et s'ils les voyaient préférer à celles qu'ils se sont donné tant de peine à rendre vraies, pures et fraîches!

Blâmons donc l'emploi des huiles dans les couleurs, sans blâmer ceux qui, ne connaissant pas de meilleur procédé, continueront à peindre à l'huile; mais espérons que des artistes éclairés, aspirant à imiter d'une manière vraie et durable les beautés de la nature, tout en continuant ce procédé, tenteront enfin d'ennoblir leurs travaux par une peinture préférable; espérons aussi que ceux qui, par l'influence qu'ils ont sur les arts, peuvent puissamment contribuer à leur progrès, s'attacheront à faire retrouver la belle peinture de l'antiquité. Espérons enfin que désormais la fraîcheur d'un tableau moderne ne sera plus une mauvaise recommandation, que l'aspect clair et naïf de l'ouvrage d'un auteur nouveau ne le fera point rejeter, parce qu'il n'aura pas déjà rapporté quelque argent aux spéculateurs, et qu'il ne s'agira plus de comparer les teintes d'un tableau à celles d'un autre, mais bien aux teintes de la nature.

DEUXIÈME PARTIE.

—

Indication des matières et des objets employés dans la Peinture encaustique.

On remarquera, en parcourant cette indication, combien nous nous sommes efforcé de nous conformer à la simplicité du matériel de la peinture à l'huile, espérant ainsi déterminer les artistes, qui, en expérimentant notre procédé, se retrouveront vis-à-vis d'éléments analogues à ceux de leur peinture habituelle : c'est donc la même palette, la même disposition ou emplacement des couleurs, la même manière de les

déposer, de les remuer, de les enlever avec l'instrument ordinaire; ce sont les mêmes brosses et pinceaux;
ce sont des liquides dont la viscosité est fort semblable
à celle des huiles épurées ou cuites pour la peinture;
enfin c'est le même moyen d'augmenter à volonté leur
fluidité. La seule condition nouvelle pour eux sera d'apposer, de chauffer et de lustrer la cire; mais on peut
dire ici, et sans le conseiller, que de même qu'on
s'en rapporte à des praticiens pour vernir le tableau,
de même le peintre pourra confier à une main étran-
gère cette importante opération; mais nous devons lui
dire aussi qu'il fera encore mieux de s'en charger lui-
même, s'il veut qu'elle soit bien faite.

DE LA CIRE ET DE SES QUALITÉS DANS LA PEINTURE.

—

27° La cire est une substance neutre et hydrofuge
que la nature semble avoir destinée à servir la peinture.
En considérant le caractère de cette substance sous le
rapport de ses qualités dans la peinture encaustique
en particulier, nous ferons observer que la cire pure,
dans l'état naturel de l'organisation de ses molécules,
a une certaine transparence semblable à celle de
l'albâtre ou des pierres spéculaires, c'est-à-dire
qu'elle tamise la lumière, mais avec réfraction et
dispersion, en sorte qu'il résulte de cette demi-trans-
parence une diaphanéité nébuleuse qui produit autant
et plus de réflexion que d'absorption. Cependant
plusieurs couches très-minces de cire, étant bien
serrées et lustrées, permettent la transparence quelle
que soit l'épaisseur de cette cire composée de diverses
couches minces et successivement appliquées et lus-

trées. Mais pour une cire naturellement diaphane et sans préparation avec addition de substances transparentes, il paraît que jusqu'à présent les rénovateurs de l'ancienne encaustique n'en ont aucune idée. Il importe beaucoup de savoir qu'en général tous les fabricants de cire y ajoutent une certaine quantité de graisse soit de bouc, soit de chèvre, soit de mouton, afin de lui donner de la souplesse et du liant. Cette quantité de graisse ou de suif est ajoutée à-peu-près dans la proportion d'un sixième. Ce qui doit produire nécessairement une grande influence dans les couleurs incorporées à cette cire impure, puisque les corps gras jaunissent tous plus ou moins.

Cependant, il faut savoir aussi que les ciriers qui fournissent cette substance aux fabricants de perles, reçoivent des commandes de cire à l'abri du jaunissement, et ils en procurent en effet qui ne jaunit point, étant par conséquent sans mélange de corps gras. Les personnes qui objectent que la cire jaunit, doivent donc, pour détruire leur prévention à cet égard, ne considérer que la cire vierge exempte de corps gras : elles peuvent remarquer que si les bougies servant à l'éclairage, et les têtes que les coiffeurs exposent aux regards du public jaunissent, il y a un grand nombre de pièces anatomiques, qui, étant composées de cire pure, conservent, malgré leur ancienneté, tout l'éclat, toute la pureté et toute la vivacité des couleurs qu'on leur a confiées. Enfin les peintures antiques exécutées à la cire, ainsi que les portraits de famille en cire, et plus ou moins anciens qu'on portait dans les funérailles chez les Romains, auraient jauni ; on sait d'ailleurs qu'un pain de cire très-bien conservé et n'ayant subi aucune altération quant à sa blancheur, a été trouvé dans les fouilles faites à Herculanum.

Une observation très-importante par rapport à la théorie de l'encaustique, c'est que la cire a la propriété de transuder par le moyen du feu, en sorte qu'elle traverse les couleurs qui la couvrent et vient les couvrir à son tour. De même, elle pénètre par l'effet du feu dans l'intérieur des matières, et elle va ainsi adhérer jusqu'au subjectile.

On sait que tous les clairs de la peinture doivent être vifs, resplendissants et quelquefois mats par l'effet de leur nature réfringente ; or la cire est précisément la substance la plus propre à produire cet effet ; car lorsqu'elle est introduite en quantité suffisante, elle donne aux couleurs claires un éclat doux et une splendeur modérée que la gouache ou le pastel lui-même ne pourrait rendre à cause de sa crudité, et que jamais l'huile ne saurait manifester à cause de son assourdissement progressif. Si donc l'on incorpore du blanc dans la cire, on obtient un blanc aussi clair que le blanc à colle, mais plus doux, moins âpre, et par conséquent plus propre à représenter perspectivement les blancs naturels et à réfléchir avec douceur et suavité les rayons lumineux.

Le mat de la cire est aussi très-propre à exprimer l'éclat et la candeur des carnations et de toutes les substances de couleurs vives, lumineuses, mais diaphanes. Les ciels, les lointains, les chairs blondes, délicates et transparentes, les fruits et certaines fleurs mêmes, sont très-bien rendus avec leur caractère par le moyen de la cire encaustique. L'importance de tous ces avantages n'a pas besoin d'être démontrée à ceux à qui la théorie du coloris est familière.

La cire, fixée au feu et associée à certaines résines, doit être considérée comme une substance plus solide matériellement, c'est-à-dire plus durable que l'huile desséchée jusqu'à l'état concret; et, comme elle est d'ailleurs tout-à-fait indépendante des influences de l'humidité, elle adhère plus constamment que l'huile aux corps qui la reçoivent, et elle a plus d'adhésion elle-même entre ses molécules, parce qu'elles deviennent très-rapprochées et très-resserrées par l'effet du lustrage ou du poli. Il faut se rappeler à ce sujet que la surface extérieure du tableau doit être couverte d'une légère épaisseur de cire pure, et que c'est cette surface qui est exposée à l'air, à l'humidité, à la lumière, à la chaleur, au froid et aux chocs. Quant à l'intérieur de la peinture encaustique, il est fortifié par les molécules des substances colorées; mais en supposant que les milieux devinssent friables par la dessication des temps, accident que doit prévenir l'interposition de la cire entre les couches, qu'un bon praticien ne néglige jamais, la couche supérieure de cire pure emprisonne toujours et fixe les couleurs du tableau d'une manière inaltérable, et des accidents graves peuvent seuls la détruire.

Des gens peu expérimentés sur ces questions diront : La chaleur doit faire fondre la cire de la peinture. Ils supposeront toujours la cire molle comme celle des bougies, mêlée à des corps gras, et ils ignorent que la cire pure a la propriété de se durcir à l'air avec les années; qu'il faudrait d'ailleurs un très-haut degré de calorique pour fondre la cire vierge. Si l'on expose des tableaux encaustiques à une chaleur forte et durable, on remarque qu'il n'y a pas le moindre commencement de fusion, qu'il y a seulement amollissement : j'objecterai encore l'exemple pris sur des peintures antiques, car on n'a jamais vu que la chaleur atmosphérique ait fondu ces peintures; témoin le tableau fameux du combat de Marathon, par Polygnote, que nous avons cité, qui résista pendant neuf cents ans à toutes les intempéries atmosphériques sous le Pécile d'Athènes.

La cire, ainsi que je viens de le dire, est ferme par elle-même; et lorsqu'elle est appliquée par couches serrées, lustrées et polies par le frottement, elle offre une masse plus ferme encore ; les meubles luisants de nos paysans en sont la preuve : ajoutez la solidité qu'elle reçoit des corps interposés dans son épaisseur, ainsi que celle qu'elle acquiert par les années, et vous concevrez que la superficie, et même le fond d'une telle peinture, doivent avoir une consistance bien plus grande qu'on ne l'imagine au premier coup-d'œil.

La cire est exclusivement la vraie conservatrice des couleurs, puisqu'elle isole réellement de l'air atmosphérique, les molécules colorées qui alors n'ont plus à redouter que l'influence de la lumière, dont on suppose qu'elles ont déjà subies l'épreuve.

—

DU LAIT DE CIRE.

—

28° Le lait de cire , soit qu'on l'interpose entre les couches de couleurs, soit qu'on le superpose à la fin et après que la peinture est terminée, a la propriété de lier entre elles et de consolider ainsi toutes les matières, et aussi de les rendre transparentes par le frottement ou le lustrage. Quant au lustre final obtenu par l'apposition du lait de cire, il complète l'effet et garantit toute la surface extérieure du tableau.

Le lait de cire n° 1 est destiné à être passé sur l'ébauche et les couches intermédiaires.

Le lait de cire n° 2 n'est employé que pour le lustre final du tableau terminé.

—

DES GLUTENS.

—

29° Trois glutens peuvent être employés pour l'exécution de la peinture encaustique ; un quatrième, plus dense, est nécessaire.

30° Deux autres glutens sont employés au broyage des couleurs :

Le gluten n° 1, pour l'exécution, est destiné à liquéfier les couleurs claires ; il a aussi la propriété de produire des tons demi-mats ou transparents.

Le gluten n° 2, pour l'exécution, sert à liquéfier les couleurs foncées et a également la propriété de produire des tons plus transparents.

La destination du gluten n° 3 est de ralentir la dessication des couleurs ; on l'ajoute donc dans les couleurs de la palette, soit en la composant, soit en faisant les teintes, et dans le cours du travail, on mêle ce même gluten n° 3 au n° 1 et au n° 2, pour en retarder la dessication.

31° Quant au quatrième gluten plus dense, sous le n° 4, il produit, étant ajouté aux couleurs de la palette, des tons très-mats.

Le gluten n° 1, destiné au broyage des couleurs pour les artistes qui sont dans l'usage de les broyer eux-mêmes, sert à broyer les couleurs claires.

Le gluten n° 2 sert à broyer les couleurs foncées ; ces deux derniers glutens diffèrent des deux premiers, en ce qu'étant destinés au broyage, ils sont plus denses.

DE L'HUILE VOLATILE D'ASPIC.

32° L'huile volatile d'aspic sert à rendre plus fluides les couleurs auxquelles on ne veut pas ajouter de gluten pour la plus grande fluidité, et qu'on se propose d'apposer comme par lavis et par touche déliée.

DU GLUTEN N° 3.

33° Le gluten n° 3 sert à obtenir le même résultat que l'huile volatile d'aspic; mais sa lente volatisation le rend préférable, dans le cas où il conviendrait de maintenir long-temps les couleurs en état de liquidité sur le tableau, comme nous l'avons dit.

DE L'ESSENCE COMPOSÉE POUR LE PREMIER NETTOIEMENT.

—

34° L'essence composée est destinée au premier nettoiement des pinceaux et de la palette.

—

DE L'HUILE VOLATILE PRÉPARÉE POUR LE NETTOIEMENT COMPLET DE LA PALETTE.

—

35° L'huile volatile préparée est indispensable pour enlever promptement et complètement les couleurs tenaces, et achever ainsi le nettoiement de la palette; cette même huile sert aussi à donner de la souplesse aux pinceaux que le gluten rend quelquefois arides et divergents; elle est encore employée très-utilement pour frotter certaines places destinées à recevoir de grandes masses unies, telles que des ciels, des fonds, etc., et qui, à l'aide de ce frottis extrêmement léger fait, soit avec le doigt, soit avec un carré de linge légèrement imbibé de cette huile, se peindraient plus facilement. Cette espèce d'huile ne jaunit point en séchant, se volatilise très-lentement par l'action d'un calorique permanent : elle a la propriété de maintenir les couleurs long-temps fluides sous le pinceau qui les fond, et n'empêche pas la cire de revêtir le tout et de se laisser lustrer. Prévenons cependant qu'il faut faire un usage très-modéré de cette huile, pour éviter un excès d'amollissement qui pourrait gêner dans le lustrage final.

DES BROSSES ET PINCEAUX.

———

36° Les brosses et pinceaux doivent être courts de poil, fermes et doux à la fois.

———

DU BLAIREAU A LAIT DE CIRE.

———

37° Le blaireau à lait de cire est réservé pour apposer et étendre également le lait de cire.

———

DU VENTILATEUR.

—

38° Le ventilateur, planchette que l'on met en jeu à l'aide d'une poignée, est destiné à agiter l'air près de la surface du tableau pour hâter la dessication du lait de cire.

—

DU CAUTERIUM.

—

39° Le cauterium, (ce mot tient à l'art antique, et les modernes l'ont conservé) est un appareil contenant un foyer de calorique destiné à amollir et à fondre les laits de cire et les glutens mêlés aux couleurs.

—

DU GRATTOIR.

—

40° Le grattoir du peintre à l'encaustique a la propriété, par la construction qui lui est particulière, d'enlever les particules de cire qui, mal fondues, seraient restées à la surface du tableau.

—

DE L'ÉTOFFE ET DE LA BROSSE A LUSTRER.

—

41° Une brosse particulière et douce, sert à donner un premier lustre à la cire : parmi les étoffes avec lesquelles on produit le frottement nécessaire pour le lustrage, nous choisissons la flanelle, comme étant la plus propre à faire obtenir un lustre parfait.

—

DE LA PALETTE ET DES GODETS A PALETTE.

—

42° La palette en bois de citronnier a reçu une préparation particulière pour l'encaustique. Au lieu de deux godets comme la palette à l'huile, elle en a quatre.

Le godet n° 1ᵉʳ, le plus rapproché du pouce, doit contenir le gluten n° 1; le 2ᵉ godet, le gluten n° 2; le 3ᵉ, le gluten n° 3, et le 4ᵉ, l'huile volatile d'aspic pure.

DU FROTTE-PALETTE.

—

43° Le frotte-palette est une espèce de brosse plate, courte de poil et rude, qui sert à nettoyer la palette avec l'essence et l'huile à ce destinées.

—

DES TOILES, PLAQUES MÉTALLIQUES ET CARTONS A TABLEAU ENCAUSTIQUE.

—

44° Les toiles, plaques et cartons à tableau encaustique, ont reçu à cet effet une préparation convenable.

—

DES CRAYONS POUR L'ENCAUSTIQUE.

—

45° Les crayons pour l'encaustique ont été également préparés pour le tracé sur les subjectiles.

—

TROISIÈME PARTIE.

—

Moyens pratiques d'employer les matières et objets mis particulièrement en usage dans la Peinture encaustique.

Les moyens pratiques démontrés dans cette troisième partie de notre ouvrage, sont le résultat non-seulement des études consciencieuses que nous avons faites du procédé encaustique, mais aussi de nos re-

cherches, de nos combinaisons et de nos essais réitérés pendant plusieurs années. Nous sommes parvenu à nous former une pratique complète et certaine
dans ses résultats, commençant à la préparation des
toiles, et terminant l'œuvre du peintre au lustrage
final.

Nous croyons donc pouvoir dire que les artistes
qui voudront se livrer à la pratique de ce beau procédé, trop peu connu ou connu seulement des hommes
studieux qui fouillent dans les trésors de l'antiquité,
n'auront jamais à se repentir d'avoir eu confiance
aux documents que contiennent ces leçons, puisque
c'est avec ces mêmes moyens que nous avons exécuté
les ouvrages qui nous ont fait obtenir l'honorable
suffrage de la Société libre des Beaux-Arts et la médaille qu'elle nous a décernée.

DE LA MANIÈRE DE TRACER, DE CALQUER ET DE DÉCAL-
QUER SUR LA SURFACE PRÉPARÉE ET CIRÉE DEVANT
RECEVOIR LA PEINTURE.

—

46° S'il s'agit d'un tableau de grande dimension,
le tracé sur le subjectile préparé et ciré, se fait avec
le crayon pour l'encaustique; l'esquisse doit être faite
avec beaucoup de légèreté, afin d'éviter que le trait
qu'on voudrait effacer s'imprimât dans l'apprêt. Si
l'on devait effacer un trait déjà posé au crayon pour
le remplacer par un autre trait, il faudrait frotter légèrement la partie esquissée, au moyen d'un carré de
flanelle, et agir de telle sorte qu'aucune trace ne de-
meure à la surface du subjectile.

Quant aux tableaux de petite dimension, com-
posés de détails exigeant une grande délicatesse de
lignes, on exécute le trait au crayon ordinaire sur

une feuille de papier, ainsi qu'il est d'usage ; on passe ensuite au verso de cette feuille, avec un tampon de coton, du rouge de Vandyck ou rouge-mars ; on fixe les quatre coins du dessin sur la plaque ou sur la toile avec de la colle à bouche ; on passe ensuite une pointe à calquer sur les contours du dessin, qui, par ce moyen, se trouve reproduit sur le subjectile. Avant de peindre, on a soin de laver et d'essuyer la petite surface recouverte de colle à bouche.

DE QUELLE MANIÈRE ON DOIT ÉBAUCHER.

47° L'exécution dans la peinture encaustique est la même, à très-peu de chose près, que dans la peinture à l'huile, c'est-à-dire que le peintre applique ses couleurs avec les mêmes pinceaux, qu'il les conduit, qu'il les fond par le même procédé, et les range sur la palette de la même manière que dans la peinture à l'huile. Ainsi, l'encaustique n'apportant aucun changement dans la pratique des artistes, chacun peut ébaucher son tableau comme il l'entend : on ne saurait donc prescrire à cet égard aucun procédé particulier.

Dans le cas où l'artiste désirerait une lente dessication des couleurs, il faudrait qu'en faisant sa palette, ainsi que dans le cours du travail, il les liquéfiât avec le gluten n° 3, qui, nous le répétons, a la propriété de ralentir la dessication.

Avant de déposer les couleurs sur la palette, on en frotte la surface avec un petit linge imbibé d'huile volatile, préparée pour le nettoiement complet, et on l'essuie, de manière à laisser un peu de cette huile volatile. Cette petite opération a pour objet de s'opposer à une trop prompte dessication des bords des couleurs et des teintes.

S'agit-il de silhouetter des arbres sur un ciel, de fondre un lointain, de faire fuir un contour? C'est toujours le plus ou le moins de gluten à ajouter aux teintes qui facilite ce travail; il importe, cependant, de n'en user qu'avec réserve.

Une observation bien importante, c'est qu'il faut absolument fondre les couleurs au fur et à mesure qu'on les pose, et ne pas les placer çà et là, comme dans la

4*

peinture à l'huile, avec la pensée de les unir plus tard; ce qui ne pourrait avoir lieu, parce que les couleurs à la cire sèchent plus vite que celles à l'huile.

Il arrive quelquefois dans le cours du travail que certaines parties du tableau, peu après leur exécution, prennent non précisément le caractère d'un embus, mais bien celui d'une peinture qui devient mate; mais ce caractère disparaît aussitôt qu'on a passé le lait de cire mis en fusion par l'action du cauterium, et après avoir été lustré.

—

DE QUELLE MANIÈRE ON DOIT PASSER ET DÉPOSER SUR L'ÉBAUCHE LE LAIT DE CIRE, LE SÉCHER, LE GRATTER ET LE LUSTRER.

—

48° Rien de plus simple et d'une plus facile exécution que les quatre opérations désignées dans cet article; cependant, comme elles sont essentielles et qu'il faut les faire selon des principes auxquels notre propre expérience a donné un caractère de certitude, il est nécessaire d'entrer ici dans quelques détails.

Après avoir fait l'ébauche, si l'on est pressé de continuer et de procéder au fini, il faut faire évaporer l'huile volatile contenue dans les couleurs, au moyen du cauterium, qui, par son action, séchera le tableau en très-peu de temps ; on le laissera se refroidir, puis on pourra passer le lait de cire, en employant pour cette ébauche le lait désigné n° 1 ; on aura l'attention de bien agiter le flacon renfermant ce lait de cire, dont on ne versera dans un vase quelconque que la quantité nécessaire pour recouvrir la surface à lustrer.

———

COMMENT ON PROCÈDE POUR PASSER ET APPOSER LE LAIT DE CIRE SUR L'ÉBAUCHE.

———

49° Pour passer et apposer le lait de cire, on trempe le blaireau à l'encaustique dans ce liquide, et on l'é-

tend le plus également possible, de manière à obtenir
une surface très-unie. Il est de la plus grande importance de ne faire pas de traînées inégales;elles pro-
duiraient, au lustrage, un mauvais effet sur les bruns,
dont le caractère d'unité serait rompu par ces couches de cire inégalement apposées.

CE QU'IL FAUT FAIRE DANS LE CAS OU L'ON EST TRÈS-PRESSÉ DE SÉCHER LE LAIT DE CIRE.

50° Si l'on est très-pressé, le lait de cire peut être
séché en très-peu de temps par le ventilateur, qu'on
agite à la surface du tableau. Son mouvement fait
évaporer promptement le liquide combiné avec les
molécules de cire.

On ne reconnaît pas toujours facilement si le lait
de cire est bien sec; car peu de temps après qu'il a
été déposé, la surface du tableau semble toujours
être recouverte d'un voile léger et blanc, que l'on pren-
drait pour une poussière aride, quoiqu'elle contienne

de l'humidité. Ce n'est donc qu'après s'être bien assuré de l'entière dessication du lait de cire qu'il faut le chauffer. Pour s'assurer si le lait de cire est bien sec, il faut, en approchant le cauterium de la surface du tableau, observer s'il s'en élève une légère vapeur. Dans ce cas la dessication du lait de cire est incomplète, il faut alors retirer le cauterium et attendre.

COMMENT ON SE SERT DU CAUTERIUM POUR CHAUFFER LE LAIT DE CIRE.

51° On sait que le cauterium est un appareil des tiné à contenir un foyer de calorique, dont l'application est d'une grande importance dans notre procédé, application qui doit être faite méthodiquement et avec certaines précautions, pour qu'elle ait lieu également sur tous les points de la surface du tableau, soit pour opérer la fusion convenable de la cire, soit pour éviter de faire bouillonner la peinture et d'en déranger la constitution.

On allume les mèches du cauterium avec une allumette chimique ou toute autre, et comme cet appareil sert de réflecteur et de conducteur du calorique à sa partie supérieure et non à sa partie inférieure, où sont situées les mèches allumées, c'est la partie supérieure et non le centre qu'il faut présenter à la surface du tableau, d'abord à la distance de 6 à 7 centimètres, ensuite à celle de cinq centimètres. On commence l'application du calorique à la partie inférieure du tableau, on promène le cauterium de bas en haut, en lui faisant décrire des cercles. On oblique un peu cet appareil pour chauffer les bords du tableau sous lesquels se trouve le châssis, sans augmenter le calorique déjà donné aux autres parties de la surface; parvenu à la partie supérieure, on continue l'application du calorique de haut en bas, de la même manière et avec les précautions convenables, ne laissant en place le cauterium que le temps nécessaire pour opérer la fusion du lait de cire, fusion qui ne doit pas être prolongée, afin d'éviter les inconvénients dont nous avons déjà parlé.

On reconnaît facilement que la fusion de la cire a lieu, quand on voit paraître un luisant qui remplace le voile blanc dont était recouverte la surface du tableau avant l'action du calorique.

Au reste, cette opération est très-simple, quoique de la plus grande importance pour le succès du procédé encaustique : chacun comprendra que, pour être bien faite, il faut qu'une partie du tableau ne soit pas plus chauffée que l'autre, et qu'aucune ne le soit trop.

Il faut se garder de trop précipiter l'application du calorique; car si l'on approchait le cauterium avant la parfaite dessication du lait de cire qui s'opère par l'action du temps ou par le ventilateur, ainsi que nous l'avons dit, on ferait lever des cloches ou petites vessies à la surface du tableau exposée à l'action du feu.

Il est vrai qu'on peut encore réparer cet accident par un moyen bien simple : il consiste à appliquer sur ces petites vessies un linge humide, alors que la partie altérée est encore tiède, et on les aplatit en repassant l'ongle du pouce sur le linge mouillé en contact avec elles, en exerçant une pression qu'il est facile de proportionner au résultat qu'on veut obtenir.

CE QU'IL CONVIENT DE FAIRE AVANT DE GRATTER LE LAIT DE CIRE ET DE LUSTRER.

—

52° Avant de gratter et de lustrer le tableau, quand il ne s'agit que d'une ébauche, il faut le laisser refroidir pendant une heure au moins; si l'on était trop impatient, on pourrait attaquer certaines parties qui, plus empâtées que d'autres et contenant une plus grande quantité d'huile volatile non encore évaporée, seraient exposées à être facilement égratignées.

—

DE LA MANIÈRE D'EMPLOYER LE GRATTOIR SUR LA SUR-FACE DU TABLEAU ENDUIT DE LAIT DE CIRE.

53° Pour opérer avec le grattoir qui, par sa construction particulière doit être tenu de manière à former avec le tableau un angle aigu et non un angle droit, on effleure légèrement la superficie de l'enduit, en faisant décrire à l'instrument une courbe obliquant de droite à gauche. Cette opération terminée, toutes les particules superflues de la cire ayant disparu, on procède au lustrage.

COMMENT ON DOIT PROCÉDER AU LUSTRAGE, APRÈS L'OPÉRATION DU GRATTOIR.

—

54° On aura choisi de la flanelle très-fine et non plucheuse ; on en frottera dans tous les sens la superficie du tableau, jusqu'à ce qu'on l'ait rendue luisante : on peut alors juger de la transparence et de la vigueur des tons.

C'est alors que le coloriste est agréablement surpris du précieux avantage que lui offre le procédé encaustique, puisqu'il peut placer tout de suite des tons naturels, justes, bien mesurés, vigoureux, brillants et comparables, dès le premier travail, à ceux de la nature ; puisqu'il peut aussi jouir tout de suite de l'opposition des fonds et des bruns, connaître l'étendue de la gamme optique de la palette, juger en même temps de ses tons les plus éclatants, les plus vigoureux, les plus bruns ; puisqu'il peut voir enfin que le mode est fixé tout d'abord et l'effet général déterminé. Alors, seulement alors l'artiste peut rester dans son sujet, se livrer sans délai, sans repos, sans entraves à l'essor de son imagination, et donner enfin un libre cours à son talent.

Le coloriste condamné à faire usage de couleurs à l'huile, se voit contraint de faire péniblement des ébauches fades, sans vie, sans ton, sans expression, sans puissance, sans justesse; travail rebutant par sa longueur, dont l'effet est d'étouffer les inspirations du génie. Son imagination si active, si passionnée, si véhémente, alors qu'il exprimait ses pensées par une esquisse, devient froide et stérile. Pourquoi ? Parce que l'artiste est forcé d'attendre pendant quinze jours, pendant un mois, pour que les tons fades de ses premières ébauches soient parvenues à un tel état de siccité, qu'il lui soit permis de reprendre l'œuvre trois fois commencée, et trois fois interrompue. J'ai dit un mois; mais ce n'est pas assez : au peintre consciencieux, au peintre qui produit pour la postérité, il faut un an d'attente pour reporter avec sécurité de nouvelles couleurs sur des couleurs à l'huile. Un an ! mais c'est quelquefois toute la vie d'un artiste ! mais c'est souvent le temps de ses plus sublimes inspirations !

L'ÉBAUCHE ÉTANT TERMINÉE, COMMENT ON DOIT CONTINUER LE TABLEAU.

55° Tous les peintres qui emploient le procédé à l'huile ont à lutter contre plusieurs obstacles que ce procédé même leur oppose, lorsqu'il s'agit de continuer un tableau. L'artiste veut-il rehausser une teinte, ranimer un ton sur un point unique seulement ; modifier un effet, étendre une demi-ombre, élargir une lumière, exprimer un fuyant, réveiller une saillie ? il est embarrassé. Mais il arrivera facilement à tous ces résultats par l'emploi du procédé encaustique. Il appliquera une nouvelle couleur ; il superposera une nouvelle teinte, sans avoir à craindre que ces teintes ou ces glacis ne deviennent autant de taches, comme il arrive dans la peinture à l'huile.

Par le procédé encaustique aucun ravage n'est à redouter, aucun repentir n'embarrasse l'artiste ; après dix ans même il peut retoucher son tableau, il peut le corriger, le modifier, le finir, l'éclaircir, le glacer de nouveau, et même le changer en entier ; tant la peinture encaustique a de perfectibilité !

La peinture à l'huile en est absolument privée. Elle doit demeurer telle qu'elle est sortie de la main du peintre ; les taches y restent indélébiles. Le temps qui détruit tout les conserve cependant ; ne semble-t-il pas s'associer en cela aux efforts de l'envie, et n'avoir d'action que pour faire ressortir davantage les erreurs d'un artiste ?

Dans une composition quelconque, ce sont, de l'aveu de nos grands maîtres, ce sont les oppositions ménagées qui font ressortir l'œuvre et lui impriment du mouvement et de l'originalité. Eh bien ! voulez-vous opposer un corps poli à un corps mat ou demi-mat ? Voulez-vous faire contraster des ombres transparentes et vigoureuses avec une lumière éclatante ? Le procédé encaustique par la propriété de ses glutens vous permettra de moduler vos tons à l'infini, et de donner un caractère de vérité à toutes vos images.

PROCÉDÉ POUR IMITER LE CARACTÈRE MAT DE CERTAINS
OBJETS, TELS QUE LES LINGES ET AUTRES CORPS.

—

56° A-t-on à reproduire des effets extrêmement
mats, tels que ceux qu'offrent les linges de la plus
grande blancheur, les neiges, l'écume des casca-
des? Il faut ajouter aux couleurs du gluten indiqué (sous le n° 4), et liquéfier les couleurs avec le
gluten n° 1 : ce sont les proportions bien entendues
dans ce cas qui produisent les effets plus ou moins
mats. Il existe dans la nature une telle variété de
corps mats, qu'il serait difficile de prescrire la dose
de glutens ou diaphane ou mat, et aussi leur degré de
liquidité dans les couleurs, selon tel ou tel cas ; il
suffit de n'en pas abuser, parce que la trop grande
quantité de cire surtout pourrait avoir l'inconvénient de faire couler, à l'approche du cauterium, les
parties du tableau qui en seraient trop chargées. Une
courte expérience fera bientôt arriver le praticien à
la connaissance de ce qu'il faut de gluten dans tel
ou tel cas.

IMITATION DE LA TRANSPARENCE DES CORPS.

—

57° Si l'on veut produire des effets contraires aux précédents, c'est-à-dire des effets appartenant à des corps transparents et donnant aussi l'expression de l'espace aérien, on allonge les couleurs broyées avec du gluten n° 2 : cela se pratique tout en peignant.

58° Veut-on imiter une transparence extrême? Il faut préparer la partie du tableau où l'on désire reproduire cette transparence, en passant, selon le caractère des tons, un glacis plus abondant et très-pur du même gluten n° 2 ; on laisse sécher cette lamelle interposée, ensuite on revient dessus avec les teintes convenables, ayant soin, pendant l'exécution, d'employer le gluten n° 2 en quantité plus grande que dans le premier cas, mais sans en faire abus.

Dans le cours du travail, il faut mêler aux couleurs avec le bout de la brosse, une certaine quantité de gluten n° 3 pour ralentir leur dessication et se ménager le temps de pouvoir les fondre ; mais il faut user de ce gluten avec réserve. Il résulterait de l'emploi abusif de cette liqueur, un ramollissement des parties qui en seraient imprégnées ; et ce ramollissement rendrait fort difficile l'opération du lustrage après l'exécution du tableau.

Au reste, la quantité plus ou moins grande de gluten rend les couleurs plus ou moins lentes à sécher ; un peu d'habitude, répétons-le, conduit bientôt l'artiste à la connaissance parfaite de la dose nécessaire de gluten : ce qui est d'autant plus facile à saisir, que dans cette peinture toutes les couleurs sèchent également, quelles que soient leur nature et leur composition.

DU MOYEN DE RENDRE LA COULEUR TRÈS-FLUIDE SOUS LE PINCEAU, LORSQUE L'EXÉCUTION DOIT ÊTRE FINE ET DÉLICATE

—

59° Veut-on que la couleur soit très-fluide sous le pinceau ? On y ajoute un peu d'huile volatile d'aspic, prise dans le godet à palette n° 4 ; cette addition suffit, soit qu'on ait à rendre le feuillé des arbres, soit qu'on ait à toucher légèrement des gazes, à imiter le soyeux des cheveux ou des tournants obscurs, soit enfin à produire tout ce qui exige une exécution fine et spirituelle.

PROCÉDÉ A SUIVRE LORSQUE DANS UN TABLEAU TERMINÉ
ON REMARQUE DES PARTIES TERNES.

60° Le tableau étant terminé, on l'examine dans le luisant, afin de voir si les parties transparentes offrent l'aspect d'un tableau légèrement verni. Si l'on y remarquait des parties ternes peu étendues, il suffirait, pour corriger ce défaut, de passer avec le doigt du gluten n° 2 sur cette partie.

61° Si la partie terne avait une certaine étendue, on ferait usage d'une brosse très-douce imprégnée du même gluten n° 2, et en la promenant avec légèreté sur le tableau, on éviterait soigneusement de délayer la partie peinte sur laquelle on surperposerait ce gluten, on aurait soin aussi de n'en appliquer qu'avec réserve.

Dans l'un ou l'autre cas, il conviendra de s'assurer,

avant tout, si l'effet seul du calorique ne ferait pas re-
vivre le lustre. Cette simple épreuve ayant réussi, on
serait dispensé d'appliquer le gluten. Disons-le encore une fois, pour qu'on le sache bien, il ne faut user
de ce liquide qu'autant que la nécessité en aura été
bien reconnue.

MOYEN QU'IL FAUT EMPLOYER LORSQUE LES PARTIES D'UN
TABLEAU REPRÉSENTANT DES MATS, OFFRENT L'AS-
PECT D'UN LUISANT.

62° De même que les bruns doivent paraître vernis, il faut que les parties représentant des mats
soient considérées dans le luisant très-mates; si elles
offraient, dans les lumières surtout, l'aspect d'un luisant, on détruirait cet effet en les glaçant et en ajou-
tant au glacis une plus grande quantité de gluten
n° 4, allongé de gluten n° 1.

PRÉCAUTIONS A PRENDRE LORSQUE TOUTES LES CONDI-
TIONS PRÉCÉDENTES ONT ÉTÉ REMPLIES.

—

63° Toutes les conditions que nous avons prescrites dans le cours de cette instruction étant remplies, on laisse sécher le tableau pendant un jour ; on le chauffe ensuite bien également, avant d'y passer le lait de cire, afin de faire évaporer plus facilement l'huile volatile contenue dans les couleurs.

Par une application modérée du calorique, on évitera l'inconvénient de les faire bouillonner. On laisse bien refroidir le tableau ; on passe ensuite le lait de cire déjà employé pour l'ébauche ; on le chauffe, et cette fois, ce n'est que deux jours après l'avoir chauffé qu'on peut le lustrer. Il serait utile d'exposer à l'air libre la surface du tableau, dans le but de hâter l'affermissement des couleurs.

64° Arrivé à ce point, il faut faire usage du grattoir avec la plus grande précaution, pour éviter les

égratignures. A l'aide de cet instrument on enlevera
toutes les particules de cire mal fondues; leur pré-
sence produirait une surface imparfaitement polie,
d'autant plus nuisible à l'effet de la peinture, que le
tableau aurait une petite dimension et serait destiné
à être vu de près. C'est ici le lieu d'avertir l'artiste
qu'il devra avoir grand soin de visiter fréquemment
la lame du grattoir et d'en extraire, avec le couteau
à palette, toutes les particules de cire. Sans cette
précaution on s'exposerait à entraîner à la suite des
parties adhérentes au couteau la cire même du tableau, et à la place qu'elle occupait se verraient des
traînées et des égratignures.

DU LUSTRAGE DU TABLEAU.

65° L'opération du grattage étant terminée, on
donne un premier lustre au tableau par des frictions
légères et réitérées, faites avec une flanelle très-fine

qu'on aura eu soin de préserver du contact de la poussière et de tous les corps susceptibles d'être retenus dans sa contexture. On comprend que l'interposition d'un petit corps dur rayerait l i glace du tableau.

66° Pour atteindre et lustrer les creux dans les parties empâtées, on fait usage d'une brosse à chapeau, de poil assez fin et assez doux pour qu'on n'ait pas à craindre de rayer la surface du tableau.

Les opérations décrites étant toutes terminées, on pourrait sans inconvénient et sans difficulté faire des corrections à l'œuvre, et y apporter même d'importantes modifications.

—

DU LUSTRAGE FINAL A LA CIRE.

—

67° Lorsqu'un tableau est entièrement fini et qu'il attend le lustre final, il faut, dans l'intervalle de

trois à quatre jours, y apposer deux laits de cire
pour obtenir le lustrage qui dans la peinture encaustique tient lieu de vernis final et conservateur, tan-
dis que le vernis employé dans la peinture à l'huile
n'en est que le destructeur.

—

COMMENT ON DOIT S'Y PRENDRE POUR EXÉCUTER DES
RETOUCHES SUR UN TABLEAU RÉCEMMENT FINI OU
PEINT DEPUIS LONG-TEMPS.

—

68° Le procédé encaustique, répétons-le, offre l'a-
vantage précieux de pouvoir retoucher un tableau
depuis long-temps fini, comme un tableau récemment peint, sans qu'on ait à redouter aucun inconvénient. Avant de faire les retouches, on a soin de
laver le tableau à l'eau pure et froide, et de l'essuyer;
après cette précaution, on retouche les parties qui
en ont besoin, on y fait les changements, on y ap-

porte les modifications désirées; puis on passe sur ces retouches seulement le lait de cire destiné au travail terminé, et l'on chauffe ces parties seulement; deux jours après on fait usage du grattoir, s'il est nécessaire, et on lustre. Plus le tableau vieillit, plus son lustre devient brillant et vif sous l'action du frottement.

COMMENT ON PROCÈDE POUR NETTOYER ET RÉPARER LES PEINTURES ENCAUSTIQUES.

69° La peinture encaustique, nourrie et recouverte de cire, n'est sujette qu'à l'effet résultant de la poussière, de la fumée et des taches de mouches; or, rien n'est plus facile que d'enlever ces souillures, soit avec de l'eau légèrement alcalisée, soit même avec de l'eau pure. Il ne se manifeste pas dans ces sortes de tableaux, nous l'avons dit, des taches obscures, des teintes discordantes; l'accord du coloris

est fixe et permanent, et il ne peut rien survenir intérieurement qui flétrisse l'éclat et la force des couleurs, ou qui dérange les rapports optiques d'intensité et d'énergie.

Il est vrai que si quelques points du tableau n'eussent pas été bien revêtus de cire par le lustrage, et
que quelques petites places fussent restées à nu et
exposées à l'air, il pourrait se faire que le simple
frottement de la flanelle ne restituât pas complètement la transparence et le lustre sur ces parties, et
qu'avec le temps elles parussent plus ternes que les
parties cirées ; mais cela ne doit guère être supposé.
Ce ne serait d'ailleurs pas un défaut inhérent au procédé, mais le résultat d'une négligence ou de l'inob-
servation de nos préceptes. On parviendrait facilement encore à réparer ces légères imperfections.

Enfin, si le tableau est bien couvert de cire lustrée, quel ravage peut-il éprouver ? On n'en prévoit
aucun : si la cire extérieure se ternit par le temps, on
la lustre de nouveau; si elle s'évapore, comme on pourrait peut-être le soupçonner, mais ce qui n'est guère
présumable, sans la supposition d'un haut et constant
degré de calorique, on peut la renouveler et la lustrer.

Quand on veut réparer un tableau, on commence
par le laver avec de l'eau pure contenue dans une
éponge ; si ce moyen est insuffisant, on fait usage d'une
eau savonneuse ; si quelque tache de mouche résiste

à ce lavage, on a recours au grattoir pour l'enlever ;
enfin on peut aussi employer à cet effet l'eau-de-vie
ou l'esprit de vin très-étendu.

S'il arrivait que par un choc il se fît au tableau
quelque égratignure, ou qu'on enlevât la couleur à
une certaine profondeur, on passerait avec le couteau
à palette une teinte analogue à la partie égratignée ;
on boucherait ainsi l'égratignure ou la partie enle-
vée, et on raccorderait les tons au pinceau avec faci-
lité ; on passerait ensuite le lait de cire, on terminerait
par l'action du cauterium, et enfin par le lustrage.

DE L'ENTRETIEN DES MATIÈRES ET OBJETS SERVANT A LA PEINTURE ENCAUSTIQUE.

Le contact de l'air ambiant pouvant faire sécher
trop promptement les couleurs broyées, il est nécessaire que les vases qui les renferment soient constamment fermés, et comme les couleurs à l'encaustique

ne forment point de pellicule, on n'a qu'à les détremper avec un peu d'essence pure d'aspic sur une glace à broyer, dans le cas où elles auraient séché trop vite.

Les flacons contenant les laits de cire et les glutens doivent rester soigneusement bouchés, parce que l'air pourrait faire épaissir les premiers et altérer les seconds.

Les pinceliers devront avoir trois compartiments; dans le premier se trouvera l'essence destinée au nettoiement, et on les nettoie avec cette essence, comme on le fait dans le procédé à l'huile, avec l'huile d'œillette; on les plonge ensuite dans l'huile destinée au nettoiement final ou complet, pour leur donner de la souplesse, et on les essuie.

Les restes de couleurs laissés sur la palette avant le nettoiement peuvent être ramassés et renfermés dans un vase pour peindre des fonds. Le procédé encaustique ayant cela de particulier, qu'on ne perd rien, si l'on ne veut rien perdre.

Pour nettoyer facilement la palette, on plonge d'abord le frotte-palette dans l'essence composée, destinée au premier nettoiement, on en frotte la palette pour amollir les couleurs desséchées et avec le couteau à palette, on enlève ces couleurs amollies. Pour le nettoiement complet on imbibe un petit carré de de linge d'huile destinée à ce nettoiement, on en frotte toute la surface de la palette que l'on essuie après, et l'on jette et les linges et tous ces restes de couleurs salies; elles ne peuvent plus servir à rien, à cause de leur mélange avec l'huile.

En quittant le travail, on a la précaution de verser quelques gouttes d'huile volatile d'aspic sur les couleurs de la palette, afin de les entretenir fraîches; le lendemain on remanie les couleurs et les teintes avec le couteau à palette, et l'on continue à peindre.

Si l'on doit suspendre son travail pendant plusieurs jours, on pose sur une glace les teintes que l'on désire conserver, et l'on essuie la palette. Lorsque l'on reprend le travail, on n'a qu'à ramollir les couleurs avec quelques gouttes d'huile volatile d'aspic, on les retrouvera aussi bonnes qu'à l'instant où on les a posées pour la première fois sur la palette, et cela après une absence même de plusieurs jours, puisque les couleurs encaustiques sont exemptes de pellicules.

CONCLUSION.

—

Tout ce que nous venons de mettre sous les yeux des artistes pour les éclairer et les guider dans l'exécution de la peinture encaustique, doit naturellement faire conclure que ce procédé, renouvelé de l'antiquité par M. P... de Montabert, est le plus simple, le plus imitatif et le plus attrayant de tous ceux que l'art a reconnus. Il est aussi le plus digne du pinceau des grands maîtres, en ce que par la solidité de ses moyens, l'inaltérabilité, la fixité de ses couleurs et avec ses ingénieuses combinaisons, ces artistes peu-

vent, sans crainte d'aucune espèce d'altération, trans-
mettre à la postérité la plus reculée les traits des
grands hommes et les plus belles pages de l'histoire.

Les amis des arts pourraient encore admirer dans
toute sa beauté et toute sa fraîcheur, le sublime portrait de Joconde, fortement altéré par la carbonisation de l'huile, et ils n'auraient point à regretter
éternellement l'admirable représentation de la Cène
(chef-d'œuvre de la peinture), presque entièrement
effacée sur les murs du réfectoire des Dominicains, à
Milan, si le savant et habile auteur de ces peintures,
Léonard de Vinci, eût été assez heureux pour connaître le procédé d'encaustique lustrée.

Nous pourrions citer aussi plusieurs des tableaux
les plus précieux de l'école moderne, qui malheureument
touchent à leur ruine par les mêmes causes. Si le
célèbre Léopold Robert avait su peindre selon ce procédé antique, il n'aurait pas éprouvé le chagrin qu'il
ressentit en apprenant que son beau tableau des *Pê-
cheurs de l'Adriatique* n'était pas arrivé à temps pour
paraître à l'exposition du Louvre, en 1835. Ses amis
s'efforcèrent de le consoler en lui disant que son ouvrage serait au Salon l'année suivante. Il leur répon-
dit d'un air désespéré : « Oui, il y sera l'an prochain,
mais il aura changé », réponse qui annonçait les
pressentiments de ce grand peintre sur la funeste influence de l'huile dans la peinture, influence qu'un

homme d'esprit et de talent comparait avec raison à celle de la rouille sur les médailles, dont elle finit, avec le temps, par effacer l'empreinte.

On peut ajouter que l'encaustique est pour les jeunes artistes de talent et de courage une mine aussi abondante que riche, qui assure à leurs travaux actifs et persévérants de brillants succès et de véritables jouissances, que ne peut leur promettre le procédé à l'huile ni aucun des autres. Enfin mille raisons qu'il serait trop long d'énumérer, doivent persuader tous les vrais artistes et les décider, désormais, à l'emploi de la peinture encaustique. Sous l'habile pinceau de nos grands maîtres, on peut assurer qu'elle brillera d'un nouvel éclat, en recouvrant le premier rang qu'elle occupa avec tant de distinction à la plus belle époque de l'antiquité.

FIN.

EXTRAIT

*Du procès-verbal de la séance du 4 janvier 1842 de
la Société libre des Beaux-Arts.*

—

Présidence de M. DELAIRE.

La parole est à M. Carpentier pour la lecture de
son rapport au nom de la commission chargée d'examiner le procédé de peinture à l'encaustique de M.
CLAUSEL.

Le rapport de M. Carpentier, écouté avec attention
par l'assemblée, est adopté avec les conclusions ten-
dant à ce qu'une médaille d'argent soit accordée à
M. CLAUSEL.

En conséquence, ce rapport est renvoyé au comité
des récompenses, etc.

—

NOTE DE L'AUTEUR.

—

Nous avons dit à la page 49, article 46°, ligne 7°, *il faudrait frotter légèrement la partie esquissée avec un carré de flanelle.*

Ayant fait l'essai d'un petit tampon de rognures de peau blanche et fine provenant du *deulage,* opération des gantiers pour amincir la peau, nous avons reconnu que ces rognures sont préférables à la flanelle, en ce qu'elles enlèvent parfaitement toute trace de crayon sur le subjectile.

—

AVIS.

—

L'auteur, pour compléter sa tâche et satisfaire au désir d'un grand nombre d'artistes, a cru devoir établir chez M. **BINANT,** marchand de couleurs, rue de Cléry, 7, à Paris, un dépôt de toutes les préparations faites par lui-même et qui lui ont servi à l'exécution des tableaux à l'encaustique qu'il a présentés à la Société libre des Beaux-Arts.

On trouvera toujours à ce magasin un grand assortiment desdites préparations, telles que toiles de toute dimension, plaques, cartons pour études, crayons pour l'encaustique, brosses et pinceaux, laits de cire, gluten pour la liquéfaction des couleurs, gluten pour leur broyage, huile volatile et essence préparée pour le nettoiement, grattoir pour l'encaustique, cauterium, palettes, boîtes d'atelier et de campagne, toutes les couleurs usitées, et aussi celles rejetées par la pein-

ture à l'huile et adoptées par l'encaustique, ainsi que tout ce
se rattache à la peinture encaustique monumentale.

Pour éviter que les artistes soient trompés par des contre-
façons nuisibles à l'art lui-même, toutes les matières et objets
ci-dessus indiqués sont revêtus de la signature autographe de
l'auteur, au pinceau, sur les toiles et plaques, à la plume, sur
les cartons et toutes les étiquettes, et à l'acide, sur les cauterium et les grattoirs, appareil et instrument de son invention.

On trouvera également au magasin de M. BINANT une
couleur désignée sous le nom de double-brun de Paris, n° 1
et n° 2. Le coloris réclamait un brun d'une intensité plus
profonde que toutes les matières obscures employées jusqu'ici par le pinceau. Le double-brun de Paris porte avec
lui ce caractère.

Un nouveau brun ne serait point supérieur aux autres s'il
n'était incolore absolument : le double-brun est absolument
incolore. Ainsi, glacé sur du bleu pur et élémentaire, il ne
le verdit point ; sur du rouge pur il ne le rend point violet,
et sur du jaune élémentaire, son glacis ne produit rien d'o-
rangé.

Un nouveau brun doit être susceptible de couvrir et de
glacer à volonté ; or c'est ce que l'on obtient sans aucune difficulté avec le double-brun.

Le double-brun de Paris, qui est excellent dans l'encaustique
lustrée et dans l'encaustique mate, s'emploie avec le même
avantage dans toutes les autres espèces de peinture, son ca-

ractère chimique étant neutre et son intensité résistant à l'influence de la lumière. Deux préparations différentes sont offertes aux peintres à l'huile : l'une servant à couvrir, et l'autre servant à glacer ; cette dernière étant plus liquide, peut être mêlée à la première, si l'on veut obtenir une moyenne liquidité. Dans tous les cas, ces deux espèces étant constamment à la disposition de l'artiste, elles le dispensent d'ajouter de son huile grasse (ou dessicative), addition qui serait moins favorable aux services du double-brun.

Un noir fin est également offert aux artistes et recommandé comme pouvant avec succès remplacer le bleu de cobalt dans les demi-teintes des chairs, des linges surtout, des ciels et des lointains. Cette couleur est de la plus grande fixité, en ce qu'elle résiste parfaitement à l'action des rayons lumineux.

TABLE DES MATIÈRES.

—

Première Partie.

—

—

Deuxième Partie.

—

—

Troisième Partie.

—

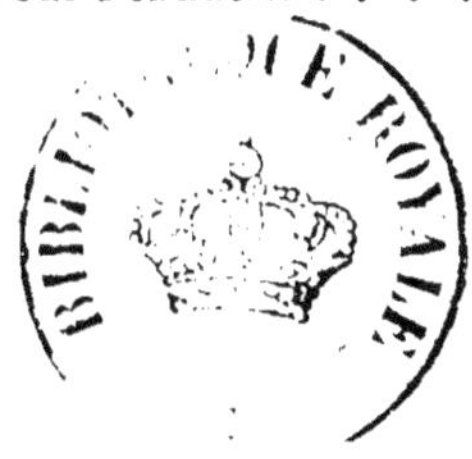

FIN DE LA TABLE.

TROYES, IMPRIMERIE D'ANNER-ANDRÉ.